OBSERVATIONS

SUR LE PROJET DE

RÉVISION DE LA LÉGISLATION

DES

ENFANTS ASSISTÉS

PRÉSENTÉES

AU NOM DU CONSEIL GÉNÉRAL DES HOSPICES DE LYON

AU

CONSEIL SUPÉRIEUR DE L'ASSISTANCE PUBLIQUE

Par M. Eugène TALLON

Avocat général à Lyon
Administrateur-Tuteur des Enfants assistés du Rhône
Ancien député

LYON
IMPRIMERIE MOUGIN-RUSAND
Rue Stella, 3

1890

OBSERVATIONS

SUR LE

PROJET DE REVISION DE LA LÉGISLATION

DES

ENFANTS ASSISTÉS

I

Codification des lois spéciales

La pensée de réunir en un corps de loi organique les règles éparses de la législation des enfants assistés, doit rencontrer des approbateurs parmi tous ceux qui ont à s'occuper de cette délicate matière.

Les lois, les décrets, les ordonnances, les circulaires ministérielles, se sont succédé presque d'année en année depuis les importantes réformes opérées par les actes législatifs de la Révolution, du 17 novembre 1790 au 28 juin 1793 et 15 pluviose an XIII ; ils ont considéré comme un service public la charge des enfants trouvés et posé en principe les secours aux filles-mères. Les documents législatifs, accumulés depuis cette époque, ont laissé çà et là, dans leur renouvellement successif, des fragments divers dont il faut recueillir les débris pour reconstituer l'édifice légal et lui donner l'harmonie d'une œuvre d'ensemble.

C'est bien souvent par des voies détournées, comme la loi de finances du 5 mai 1869 et les circulaires qui l'ont suivie, celles notamment du 3 août 1869, que le législateur a procédé pour tracer les règles qui régissent actuellement le service si considérable des enfant asssistés. Aussi la portée et l'étendue de ces règles sont-elles le plus souvent mal définies; il est difficile d'en bien préciser la limite; leur autorité, comme celle de toute jurisprudence substituée à la loi, reste contestée et hésitante; leur application même est variable suivant les temps et les lieux.

On ne saurait donc trop applaudir à l'initiative prise par le Conseil supérieur de l'assistance, en élaborant un projet de loi organique dont les dispositions seront prochainement soumises aux délibérations du Parlement.

Toutefois, en nous associant à l'espérance de voir bientôt une loi unique et définitive régir une matière, trop souvent sujette aux variations de l'opinion ou du sentiment public, exposée tour à tour à des rigueurs inspirées par une morale outrée ou aux faiblesses du sentimentalisme humanitaire, nous avons à faire nos réserves sur l'application de certains principes et sur les exigences de certaines prescriptions.

Nous ne voulons pas cependant entreprendre une étude détaillée du projet de loi dans ses nombreux articles. Nous ne l'examinerons que par un seul côté, celui où il touche aux intérêts, aux droits ou aux prérogatives des commissions hospitalières.

Nous l'étudierons, plus spécialement, au point de vue des conditions particulières, des usages ou des traditions établis, dans le service des enfants assistés, à Lyon.

L'admission des enfants à l'hospice et la tutelle des mineurs assistés sont, sur ce terrain limité, les deux points principaux sur lesquels vont porter nos observations.

II

Admissions

(Art. 1, 3 et 4 du projet.)

L'article premier du projet de loi étend notablement les admissions en acceptant au nombre des *abandonnés* les enfants, nés de père ou mère connus, qui ont été délaissés sans qu'on puisse recourir contre ceux-ci, à *raison de leur indigence absolue ou de circonstance majeure.*

L'article 3 du projet apporte à son tour, au système actuel des admissions, de graves modifications :

« La présentation de l'enfant, qui doit être accompagnée de son bulletin de naissance, est faite soit par la mère, soit par un intermédiaire. Elle a lieu, sans *témoins,* dans un bureau communiquant avec la voie publique, *occupé par un employé* SEUL *et* ASTREINT par *serment au secret professionnel même vis-à-vis de la justice* et de ses supérieurs hiérarchiques. »

D'après l'art 4, « si *l'enfant est né de père et de mère non dénommés* et âgé de moins de six mois, l'admission provisoire est prononcée » (sans aucune justification d'indigence, de lieu d'origine, d'identité).

Dans l'exposé des motifs, l'honorable rapporteur du projet se félicite d'assurer par l'exigence du bulletin de naissance une garantie contre l'abus des dépôts; il n'accepte pas le système, plus élargi encore, adopté par le Conseil général de la Seine : l'admission des enfants trouvés, à bureau ouvert, sans aucune restriction.

Cette garantie est-elle suffisante pour se prémunir contre l'accroissement excessif et parfois frauduleux, des dépôts, que peut entraîner la loi nouvelle ?

Dans la pratique actuelle, les enfants admis à l'assistance sont, aux termes du décret du 19 janvier 1811 : 1° les enfants trouvés ; 2° les enfants abandonnés ; 3° les orphelins pauvres.

On considère comme abandonnés les enfants qui ont été délaissés par leurs parents sans que l'on sache ce que ceux-ci sont devenus.

En dehors de ces catégories, les autres enfants livrés à l'abandon et à la misère, rentrent dans les conditions des indigents ordinaires; l'État et le département n'en prennent pas la charge, elle incombe à la bienfaisance.

Or, le projet considère, comme abandonnés, les enfants délaissés par leurs parents pour cause de misère absolue ou toute autre circonstance majeure ; on tranche ainsi en faveur de l'admission d'une large catégorie d'enfants, une question, jusque-là fort controversée, diversement interprétée par les Conseils généraux dont la plupart persistent à se prononcer dans le sens de l'exclusion.

L'intention du projet n'est point dissimulée: « nous avons voulu, dit l'exposé de motifs, *couper court aux interprétations données tant de fois à l'expression « sans qu'on puisse recourir à eux »* c'est le cas de l'indigence; l'autre circonstance serait ensuite, la *nécessité de cacher une faute.*

A notre avis, le projet encourt ici le grave reproche d'établir une confusion entre l'assistance des enfants légitimes et celle des enfants nés hors mariage.

La honte de la faute n'est pas, aussi souvent qu'on se plaît à le dire, le mobile qui porte les mères à l'abandon de leur enfant. Beaucoup y sont poussées par les calculs de l'intérêt et par l'unique souci de se soustraire aux devoirs et aux charges de la maternité; beaucoup prennent simplement l'hospice pour l'asile général des enfants pauvres.

Dans le Rhône, pour obvier à ces abus, le Conseil général a largement pourvu aux secours temporaires en faveur des enfants des familles indigentes : deux mille d'entre eux environ reçoivent ces secours. Créer pour cette catégorie d'enfants des facilités excessives d'admission ne ferait que provoquer des abandons. On affaiblit ainsi, jusqu'à l'anéantir, le sentiment maternel, le souci du devoir, base même de la famille. Élargissons encore les secours, rien de mieux, mais ne rompons pas les premiers liens qui rattachent l'enfant à sa mère.

A l'égard des *enfants trouvés*, le projet propose également de nouvelles facilités d'admission : le bureau ouvert, le secret du dépôt, l'absence de justification de l'origine et de l'état d'indigence.

Depuis la suppression des tours, l'admission des enfants assistés dans les hospices dépositaires est prononcée, en général, lorsqu'il s'agit des dépôts provenant des communes rurales, sur un avis de l'inspecteur approuvé par arrêté du Préfet. Dans les villes où il existe un bureau, l'enfant y est présenté. D'après les règlements, en usage à Lyon et dans la plupart des grandes villes, l'inspecteur prononce lui-même l'admission, sans autre formalité. La sage-femme en déposant l'enfant doit produire : 1° un bulletin de naissance; 2° un certificat du maire de la commune d'origine indiquant qu'à raison de son indigence ou de circonstances exceptionnelles la mère ne peut élever son enfant. Cette dernière déclaration sert à déterminer le domicile de secours.

A ce système on reproche les inconvénients d'une enquête qui fait connaître l'origine de l'enfant déposé et fera hésiter, dit-on, à effectuer le dépôt. On l'accuse de méconnaître le droit sacré de la mère de garder son secret; de blesser l'intérêt ou le désir qu'elle peut avoir de cacher une faute dont la recherche de l'origine de l'enfant trahira le mystère. Partant de là, on impute au système d'admission, actuellement pratiqué, la responsabilité des avortements et des infanticides commis par des mères criminelles; on suppose, trop gratuitement peut-être, que l'absolue liberté du dépôt préviendra ces attentats.

En réalité, les inconvénients et les dangers dont on accuse la pratique actuelle de l'Administration sont fort exagérés; l'enquête de 1862 a nettement établi que le nombre des mères, réclamant le secret sur le dépôt de leur enfant, ne se produit que dans la proportion de 1 sur 10.

L'inspection, d'ailleurs, agit avec une sage prudence; elle fait dans la pratique fléchir les exigences des règlements, ménage de justes susceptibilités et apporte la plus grande réserve dans ses recherches dès qu'elle se croit en face de situations exceptionnelles et dignes d'égards.

Quant aux dangers d'avortement ou d'infanticide, ce n'est pas dans les formalités de l'admission des enfants abandonnés aux hospices qu'il en faut rechercher les causes. Ce qui entraîne le plus souvent les filles-mères au crime, ce n'est pas davantage la honte de la faute; ce sont presque toujours le désir et l'espoir de cacher la grossesse, par esprit de calcul et sentiment d'égoïsme. Dès que l'accouchement est connu, soit de la sage-femme, soit d'une autre personne, les craintes d'infanticide disparaissent et l'aveu de sa maternité ne coûte plus à la mère.

Notre expérience de magistrat nous permet d'ajouter ceci : dans la plupart des crimes d'infanticide, le mobile déterminant n'est point le désir mal entendu de cacher une faute, mais la résolution, cyniquement avérée, de se soustraire aux charges de la maternité, à ses difficultés, à ses misères ; de reprendre une vie de liberté ou de plaisir ; de ne pas perdre le profit de liaisons immorales où la fille-mère trouve l'aisance de la vie sans la peine du travail et les embarras de la famille.

Quelques-unes même entendent s'épargner jusqu'au soin du transport de l'enfant à la maternité ; celles-là ne veulent pas être assistées dans leur accouchement ; elles font taire le premier vagissement de l'enfant qui vient au monde, en l'étouffant, pour qu'on ignore la naissance ; elles cachent le corps du nouveau-né, et le tour existât-il encore, elles n'y porteraient qu'un cadavre.

Le remède aux criminelles tentatives des filles-mères n'est pas le refuge, ouvert à tous les abandons, comme à toutes les défaillances, il faut le chercher ailleurs : dans la large expansion des secours temporaires ; on a beaucoup fait dans cette voie salutaire, on peut faire plus encore.

Or, ce serait un bien faux calcul d'absorber les ressources budgétaires des départements par un surcroît d'admissions des enfants trouvés ; tandis que ces ressources peuvent être plus utilement employées dans des secours alimentaires dont le premier effet sera de rattacher l'enfant à sa mère, de lui donner un état civil, et bien souvent de lui assurer une famille.

Le projet, il est vrai, dans l'article 3, réclame comme garantie publique la production du bulletin de naissance, mais là s'arrêtent ses moyens de contrôle. On recevra les dépôts à bureau ouvert, sans certificat du maire, sans enquête, sans justifications, sans aucune responsabilité de l'agent récepteur. C'est la porte ouverte de l'hospice remplaçant le tour. On retrouve là tous les inconvénients d'un système justement condamné.

La liberté, ainsi étendue, des dépôts deviendra une excitation funeste et permanente aux abandons ; ce sera une provocation à l'abdication des devoirs de mère ; ce sera, chose pire encore, une prime offerte à l'exploitation des filles-mères par des intermédiaires qui font des dépôts d'enfants un trafic éhonté.

Dès 1862, le rapporteur de l'enquête, faite à cette époque, « constatait avec dégoût les odieuses suggestions de ces matrones qui, non contentes d'attirer chez elles de pauvres filles séduites, ne leur montrent d'issue qu'une faute plus grave dont elles se font l'instrument avide, à prix d'argent. »

Le projet s'expose à ce grave reproche et l'expérimenté rapporteur l'a bien pressenti; aussi veut-il parer aux fâcheux agissements dont on prévoit l'accroissement prochain, en édictant des pénalités sévères contre les exploiteurs et les entremetteurs des dépôts d'enfants. Ces pénalités, à notre avis, resteront illusoires; les articles 343 et 353 du Code pénal ne nous paraissent pas être applicables à ce proxénétisme de l'abandon. Est-il nécessaire d'ailleurs d'édicter des pénalités spéciales pour réprimer les actes coupables ou dolosifs, dont on fait un délit nouveau, quand on dispose de remèdes infaillibles pour guérir le mal même qui leur a donné naissance?

Au point de vue des intérêts hospitaliers et départementaux, il est essentiel aussi de se défendre contre des facilités d'admission dont le résultat prochain serait d'accroître démesurément le nombre des assistés, surchargerait les services, nécessiterait une augmentation du matériel et l'agrandissement du logement, même provisoire, des abandonnés, la loi les accueillant jusqu'à l'âge de seize ans. Les ressources de l'hospice dépositaire d'une part, les finances départementales de l'autre, ne pourraient peut-être pas subvenir à un tel surcroît de dépenses. Dans tous les cas, on ajouterait un poids aussi lourd qu'imprévu aux charges déjà si considérables qui incombent aux administrations hospitalières et au service départemental des enfants assistés. On rencontrera, sans nul doute, de la part des conseils généraux des hésitations et même des résistances avant de s'engager sur cette pente ruineuse.

A l'hospice de la Charité, à Lyon, les locaux seraient insuffisants pour faire face aux nouvelles exigences que l'on prévoit, sans que cependant l'étendue même en puisse être précisée à l'avance. Non seulement, en effet, les filles-mères et les femmes indigentes de l'agglomération lyonnaise ou des départements voisins, mais encore celles des pays frontières tels que la Suisse ou l'Italie, ne manqueront pas de profiter des facilités nouvelles ouvertes aux dépôts d'enfants avec tant de libéralité. On sera bientôt acculé, par cet envahissement, à une impossibilité insurmontable.

On constate déjà l'affluence des filles-mères venant de départements lointains ou de l'étranger même, dans nos grandes villes, pour y faire leurs couches. Ces femmes abandonnent là leur enfant ; la charge en retombe ainsi sur un département éloigné du lieu de naissance et le laisse dépourvu de moyens de recours. Cette situation crée, entre les divers départements, une inégalité de dépenses fort injuste dans le service des enfants assistés. Le poids en pèse sur quelques-uns dans des proportions qui ne correspondent nullement au chiffre général de leur population ni à leurs ressources budgétaires. Dans ceux-là, la dépense excède des 2/3 les prévisions normales à la charge du budget.

On ne saurait donc, sans imprudence et sans injustice, activer encore ce mouvement d'immigration des naissances irrégulières vers les grandes villes; on ne saurait, sans encourir une responsabilité des plus graves, y attirer le flot sans cesse montant de la population indigente qui rejettera, dans les dépôts des hospices, le fruit d'une fécondité dont elle n'est point avare.

Il importe donc de ne pas déposséder entièrement l'administration départementale de tous moyens de recherche de l'origine et de la véritable situation des mères des enfants abandonnés. Le certificat du maire de la commune indiquée dans le bulletin de naissance, dont on demande actuellement la production, obvie dans une certaine mesure à ces inconvénients ; il convient de le maintenir.

La liberté des dépôts ou l'intérêt des enfants auront-ils d'ailleurs à en souffrir? Les femmes qui se présentent à l'hospice dépositaire de Lyon, pour y faire leurs couches, sont pour les 2/3 étrangères au département du Rhône; dès qu'elles pourront se dérober aux enquêtes faites sur leur véritable domicile et sur leur situation, elles refuseront de donner leur nom à leur enfant. Or, ce refus est des plus rares, dans l'état actuel du service; l'inspection n'en a relevé que quatre cas seulement dans un espace de cinq ans. Le projet tournerait donc contre l'intérêt de l'enfant à posséder un état civil et contre le sentiment moral qui impose à la mère la reconnaissance de son enfant.

Faisons une autre observation: A Lyon, le quart des enfants enregistrés au service de l'assistance, naissent en dehors de l'hospice; les trois quarts naissent de mères admises dans les salles de maternité à la Charité. Le plus souvent, les enfants venant du dehors sont présentés par la sage-femme et inscrits, suivant ses déclarations, aux enfants abandonnés ou aux enfants secourus. Les déclarations d'enfants comme nés de père et mère *inconnus*, forment une exception fort restreinte. D'après les renseignements fournis par l'inspection, leur nombre moyen ne s'élève pas à plus de 9, sur 1,500 admissions, par an. Les filles-mères se présentent en général à l'Hospice, au terme prochain de leur grossesse, l'admission est de droit: si la mère déclare, ce qui est le cas le plus fréquent, qu'elle est hors d'état de pourvoir aux besoins de son enfant, celui-ci est aussitôt mis à la charge du département.

Mais beaucoup de mères, qui ont subi à ce moment les nécessités pressantes d'une situation malheureuse, ne perdent pas l'espoir ni le désir de reprendre un jour leur enfant. La plupart même ne sollicitent qu'un placement temporaire. Pourquoi donc considérer cet enfant comme frappé, malgré elles, d'un abandon définitif? La crainte d'une séparation sans retour n'éloignera pas, malheureusement, les dépôts des Hospices: mais on ouvrira à l'esprit des mères hésitantes dans leurs sentiments et faibles devant le devoir à remplir, ce qui est le fait d'un grand nombre, de funestes perspectives; elles pencheront naturellement vers l'affranchissement des servitudes du devoir maternel; leur conscience sera déchargée du souci du retrait; le nombre des abandons définitifs s'en accroîtra au préjudice même de la famille légitime.

Le système actuel offre donc de sérieux avantages qu'il serait imprudent de méconnaître; il se concilie au surplus, à l'Hospice de la Charité de Lyon, avec la plus large admission des enfants déclarés nés de père et mère inconnus. On ne le modifierait pas sans qu'il en résultât de graves conséquences, je dirai même des dangers sérieux.

Un danger d'une autre nature résulte du nouveau projet : Aucune formalité n'est exigée, par l'art. 3, pour la constatations de l'identité de l'enfant dont on présentera le bulletin de naissance à l'employé chargé des admissions. Si l'enfant est âgé de moins de six mois et que le bulletin *n'indique pas de père et mère*, il devra être reçu obligatoirement. Aucune précaution n'est ainsi prise contre la fraude ou la supposition d'enfant. Le premier enfant venu peut être présenté, sans aucune justification, et le silence le plus complet couvrira cette admission faite sans contrôle.

Un seul employé, en effet, a connaissance de l'entrée; un seul a vu l'enfant; seul il a reçu le bulletin et conféré seul avec l'intermédiaire chargé d'effectuer le dépôt; celui-ci même a pu se refuser à toute explication. Où sont dès lors les garanties de l'identité?

L'employé est astreint à un silence professionnel absolu, même vis-à-vis de la justice, et eût-il pressenti la fraude, il devra se taire? Il agit en tout cas de sa propre initiative, sans aucune responsabilité dans les admissions qu'il accepte, hors la présence de tout témoin. Qui ne reconnaîtra qu'il y a là un péril imminent contre lequel il conviendrait peut-être de prémunir les familles aussi bien que l'Administration hospitalière elle-même?

Un tel système est assurément plus dangereux que le *tour*, librement ouvert, et contre le rétablissement duquel, cependant, le projet proteste. Le dépôt dans le tour n'attache, en effet, à l'enfant aucun *état civil;* il laisse toute latitude aux recherches ultérieures s'appuyant sur les signes de constatation qui peuvent accompagner l'enfant. Le bulletin de naissance, produit sans aucun contrôle de l'identité de l'enfant désigné, crée au contraire une présomption et donne ouverture à l'attribution d'un faux état civil.

Le danger d'erreur ou de fraude ne pourrait être atténué que par l'intégrité même et le caractère de l'agent dépositaire. Or le projet, au lieu de placer l'admission sous le contrôle direct et sous la responsabilité personnelle de l'*inspecteur*, l'abandonne à un agent subalterne, qu'il qualifie d'employé, sans qualité et sans situation déterminées. L'art. 3, sous la simple condition du serment, accorde une confiance absolue à cet employé dont il ne précise ni le rang ni la fonction. On ne réclame de lui, en retour de cette confiance, aucune garantie spéciale.

Cet employé aura-t-il le souci de l'excès de charges dont le service peut être accablé par l'excès des admissions? aura-t-il le respect des devoirs professionnels? se préoccupera-t-il de faire entendre aux mères de sages conseils et de réveiller dans leur cœur les sentiments de la nature qui y sont obscurcis à cette heure par une sombre éclipse?

Encore, si le service d'admission était contrôlé par l'inspecteur à qui l'agent dépositaire en référerait; lui du moins joindrait à l'autorité attachée à ses fonctions, la responsabilité qui lui incombe de surveiller la situation de l'enfant devenu son pupille; sa première préoccupation serait de lui assurer un état civil, de le rattacher à sa mère dans l'éventualité où elle désirerait un jour le reprendre, si elle revient à de meilleurs sentiments et à une situation meilleure.

Il nous paraît donc regrettable d'ajouter à l'abandon de l'enfant, l'abandon plus douloureux encore de son intérêt, de son avenir, de son existence même entre les mains indifférentes d'un agent irresponsable!

Les dispositions des art. 1, 3 et 4 devraient donc, à notre

avis, être modifiées soit au point de vue des facilités excessives offertes aux admissions soit au point de vue des garanties et du contrôle du service des dépôts.

III

Tutelle

(Art. 10, 11, 12, 36.)

L'art 10 du projet a pour objet de conférer la tutelle des enfants assistés aux inspecteurs départementaux, sauf à Paris où elle est confiée au directeur de l'assistance publique.

La loi nouvelle dépossède ainsi les Commissions hospitalières de l'autorité morale et de la direction effective qu'elles exerçaient, suivant d'anciennes et respectables traditions, sur les pupilles de l'assistance. La loi du 5 mai 1869 et la circulaire ministérielle du 3 août réglant son application, partageaient entre l'inspection et l'Administration des Hospices, les attributions relatives à la tutelle des enfants assistés; le nouveau projet investit exclusivement l'inspecteur de ces attributions.

Le motif de cette disposition est d'ordre purement matériel : la loi de 1869, dit le projet, en assurant aux Hospices le remboursement des frais de séjour des pupilles dans ces établissements, a fait disparaître la dernière considération qui pouvait sinon justifier, du moins expliquer, le maintien de la tutelle entre les mains des Administrateurs des Hospices.

La question, si grave, de la direction morale des pupilles de l'assistance, semble ainsi échapper aux préoccupations du nouveau législateur.

Une telle innovation est-elle justifiée par les nécessités du service ou par l'intérêt des pupilles? Nullement. L'intérêt des mineurs en serait au contraire fort compromis et la nécessité du service n'impose en rien cette radicale mesure. Depuis 1869, en effet, il s'est établi une pratique régulière, à Lyon du moins, dans la répartition des attributions du tuteur, entre les Commissions hospitalières et l'inspecteur départemental. Les résultats en ont été reconnus favorables aux intérêts des mineurs de l'assistance :

Aux inspecteurs appartient le soin de prononcer sur les admissions, d'attribuer les secours temporaires, de traiter avec les nourrices, de négocier les placements des pupilles en apprentissage, de recueillir leurs épargnes, de les verser à la caisse d'épargne, de régler les livrets.

Les Commissions hospitalières, de leur côté, sont chargées de la gestion des biens et des intérêts civils ou moraux des pupilles.

On doit reconnaître, en premier lieu, pour la gestion des biens des mineurs, que les jurisconsultes, magistrats, avocats, notaires faisant d'ordinaire partie des Commissions hospitalières ont assurément une compétence qui n'appartient pas à l'inspecteur.

En second lieu, au point de vue de l'autorité morale que comportent l'exercice de la puissance paternelle, le droit de correction, l'autorisation des engagements militaires, le consentement à l'adoption ou au mariage, les inspecteurs ne remplissent pas toujours, quelque méritants qu'ils soient, les conditions nécessaires de maturité, de caractère, de situation. Les Commissions hospitalières nous paraissent donc présenter plus de garanties pour assumer de semblables responsabilités.

Les attributions des tuteurs, dans la délégation qu'ils reçoivent de la puissance paternelle, ont par elles-mêmes un caractère moral et élevé dont il importe de ne pas les dépouiller. Les membres des Commissions hospitalières ont acquis aussi, dans l'exercice de leurs délicates fonctions, une légitime considération. A un sentiment de gratitude et de convenance s'ajoute donc l'intérêt des pupilles pour réclamer le maintien aux administrateurs de leurs attributions.

Des raisons pratiques nous font également critiquer le proet, dans ses dispositions sur la tutelle :

A l'égard de la gestion des biens des pupilles, ne convient-il pas d'abord d'offrir à ceux-ci les assurances les plus sérieuses d'une bonne administration et de la conservation de leurs biens meubles et immeubles? Quelques-uns, nous en avons des exemples à Lyon, possèdent une petite fortune en valeurs mobilières. Plusieurs sont appelés à recevoir leur part en immeubles dans de modestes successions. La meilleure mesure à prendre est ici la réalisation en argent de l'actif.

Or, le projet déclare expressément qu'il ne convient pas de faire des inspecteurs ou des sous-inspecteurs des agents comptables. En même temps, il investit les trésoriers payeurs généraux de la gestion des biens mobiliers ou immobiliers des enfants assistés.

L'inspecteur ou les sous-inspecteurs restent vis-à-vis de ces hauts fonctionnaires, des *receveurs intermédiaires* des deniers des pupilles; ils font les contrats de placement; par suite, ils sont chargés de la perception des gages des mineurs placés en apprentissage; ils conservent ainsi un maniement de fonds. Les inspecteurs sont, en un mot, des agents de transmission des fonds des pupilles sans être des agents comptables, sans être assujetis aux obligations que comporte toute gestion financière administrative, le cautionnement et le contrôle ; les garanties des mineurs sont ainsi diminuées.

Il faut bien le dire, c'est pour avoir négligé pendant nombre d'années l'application stricte de la loi du 5 fructidor an XIII, et pour avoir abandonné les dépôts de fonds et de valeurs entre les mains d'inspecteurs irresponsables, que des pertes notables ont été subies, à diverses époques à Lyon, par les pupilles de l'assistance. Il est même difficile, en l'absence de toute comptabilité, d'apprécier exactement quelle a été l'étendue de ces pertes.

Ce sont là des souvenirs pénibles à rappeler, et si nous le faisons, c'est dans la certitude où nous sommes de l'absolue intégrité de l'inspection actuelle ; nos pupilles, dans le présent, sont entièrement à l'abri des abus du passé ; mais les lois ne sont pas faites en considération des temps et des personnes, elles sont édictées en vue de l'intérêt général. Or, ici, pour la sécurité des intérêts des pupilles, il importe de ne pas amoindrir les obligations rigoureuses que nos lois financières, en toutes les matières, ont considéré comme nécessaire de réclamer des agents de perception, à tous les degrés.

L'inspection des *enfants assistés* dans le département du Rhône exige actuellement de ses sous-inspecteurs, chargés de recevoir les gages des apprentis, le dépôt d'un cautionnement ; le projet de loi lui-même, met à la disposition de l'administration de l'assistance publique de Paris, dans son article 40, des agents comptables astreints à un cautionnement. Ne conviendrait-il pas d'étendre cette mesure ? pourquoi n'attribuerait-on pas le même caractère à tous les agents d'une administration qui, à chaque degré de la hiérarchie, contracte, reçoit, emploie, transmet ou dépose les fonds provenant des salaires et du petit pécule des mineurs ? Alors deviendrait inutile l'innovation qu'introduit le projet de loi dans le choix des dépositaires et administrateurs de la fortune des pupilles; les receveurs des hospices et le Mont-de-Piété resteraient chargés, comme jadis, d'être les gérants et les dépositaires des biens des assistés. On éviterait ainsi de tenter une expérience dont le résultat pourra peut-être faire regretter bientôt les prescriptions des lois anciennes et une pratique éprouvée avec avantage, là où elles étaient sérieusement et complètement appliquées.

Le projet institue, dans son article 12, un nouveau conseil de famille recruté parmi les notabilités départementales.

N'est-ce pas l'aveu de l'insuffisance du seul concours des inspecteurs pour l'exercice de la tutelle ? N'est-ce pas aussi l'aveu que des garanties de contrôle et d'autorité doivent être instituées au-dessus de l'inspection ?

Pourquoi dès lors déposséder les Commissions hospitalières d'une prérogative par laquelle elles se sont acquis, pour la plupart, la considération publique et la gratitude des pupilles de l'assistance ?

Est-on bien assuré de trouver, dans les nouvelles Commissions de tutelle instituées par le projet, plus d'activité, plus de capacité, plus de sollicitude pour les intérêts des mineurs assistés ? N'est-il pas à craindre que la seule recherche d'un titre honorifique ne pousse quelques-uns de leurs membres à accepter des fonctions dont ils négligeront bientôt de remplir les charges ? Ne s'exposeront-ils pas à encourir des reproches qu'on ne pourrait assurément formuler, sans injustice, envers les membres des Commissions hospitalières ?

Disons-le donc, si les bureaux de l'inspection ont le mérite indéniable d'expédier plus rapidement les affaires, de donner aux difficultés d'administration, concernant les intérêts des pupilles, des solutions plus méthodiques et plus promptes ; ils ne sauraient les résoudre avec l'autorité et la compétence incontestées des hommes de science et d'expérience que l'on rencontre presque partout au sein des Commissions hospitalières. Quand certaines questions touchent à la fois au bien-être matériel et aux intérêts moraux d'un mineur, à sa condition civile, à son éducation, à son établissement dans la vie, ne sont-elles pas trop délicates, trop variables dans leurs aspects, trop hautes quelquefois pour en abandonner la solution à la bureaucratie, même la plus intelligente et la plus zélée ?

L'enfant de l'assistance, comme tous les pupilles, a droit à une direction morale, à une tutelle vigilante et autorisée ; s'il est déchu désormais d'un privilège, accordé par les lois au respect de son malheur, il ne sera plus qu'un numéro matricule dans un contingent administratif.

L'inspecteur, au surplus, dans les départements populeux comme celui du Rhône, est appelé à porter sa surveillance sur les diverses branches d'un service, fort compliqué, qui s'étend à un nombre considérable d'enfants assistés ; il voit, par suite, absorber son temps et son activité par des devoirs multiples ; il ne peut se consacrer à des soins exclusifs. Ce n'est donc pas lui qui remplira, dans leurs détails, les fonctions de tuteur qui lui sont attribuées; il se verra dans la nécessité de déléguer ses pouvoirs à des sous-inspecteurs agissant loin de lui, hors de son contrôle; est-ce à ceux-là que la loi entend confier la charge de la direction morale des enfants, de l'exercice de l'autorité paternelle? on ne peut y songer sans appréhension.

Un autre devoir s'impose encore dans la tutelle du mineur assisté, l'esprit de bienfaisance doit animer par dessus tout ceux que leurs fonctions appellent à s'occuper de sa condition. L'administrateur-tuteur, pris dans le sein des Commissions hospitalières, est bien pénétré de l'atmosphère ambiante de dévouement et d'humanité qui y règne habituellement; il s'inspirera de l'esprit charitable et des sentiments philanthropiques de leurs membres dans l'exercice de fonctions librement acceptées et fidèlement remplies; il tiendra à honneur de perpétuer des traditions dont il a reçu l'exemple de ses devanciers. Pourquoi dès lors se priver d'un concours si salutaire aux intérêts des mineurs? ce n'est pas trop assurément de l'association des efforts des uns et du dévouement des autres, de l'auxiliaire de l'inspection joint à la haute estime dont jouissent les Commissions hospitalières, pour entourer de toutes les garanties nécessaires la tutelle des abandonnés.

Une épreuve décisive a été récemment faite dans la voie nouvelle que l'on veut ouvrir, en séparant entièrement la direction des assistés, des Commissions hospitalières, pour la rattacher exclusivement au service de l'inspection. La loi du 15 juillet 1889 a confié aux inspecteurs la tutelle des enfants moralement abandonnés.

Eh bien! on a déjà recueilli les fruits de cette expérience; demandez aux inspecteurs les mécomptes et les amertumes que leur a attiré cette extension, inattendue et peu désirée, de leurs attributions? Demandez-leur les embarras, les difficultés, les conflits même qu'ils ont éprouvés? Comptez les décisions rendues, depuis la loi nouvelle, sur les demandes en déchéance de tutelle, malgré le nombre et la gravité des cas d'indignité? Le bilan négatif qui vous sera exposé, est l'aveu d'une absolue impuissance de l'inspection dans une mission excédant ses forces.

Veut-on en rechercher la cause? on la trouvera, il faut bien l'avouer, dans le manque d'autorité des agents administratifs, si honorables et si zélés qu'ils puissent-être, vis-à-vis des membres du corps judiciaire, des magistrats des parquets, des officiers publics, des officiers ministériels ; ceux-ci ont leurs usages, leurs traditions, leurs respects dont on les fera difficilement se départir. Là où la parole autorisée d'un membre des Commissions hospitalières, ancien homme d'affaire, honoré par une longue carrière, ou magistrat, joignant à sa fonction le respect confiant dont l'entoure l'opinion, là où dis-je cette parole ou cette intervention obtiendront rapidement et sans frais la solution d'une difficulté, dans l'interêt du mineur, la volonté la plus énergique de l'inspecteur, agent administratif, viendra se briser. On ne renonce pas impunément à des traditions séculaires, qui sont faites de confiance et de respect pour l'honorabilité justement conquise par le dévouement au bien.

L'exercice de la puissance paternelle et les rigueurs qu'elle comporte, envers les insoumis, est encore l'une des pierres d'achoppement sur lesquelles viendront se heurter les efforts et le bon vouloir des inspecteurs.

Le projet de loi l'a lui-même fait pressentir en accroissant les attributions des nouveaux tuteurs dans les moyens de coercition vis-à-vis des insubordonnés. L'article 36 du projet détermine les peines à prononcer contre les enfants insoumis ou vicieux. Ses dispositions contiennent une large extension de l'emprisonnement, par voie de correction paternelle, tel qu'il est prévu par les articles 375 à 379 du Code civil.

Cet emprisonnement, temporaire ou prolongé, présente, on le sait, les plus graves inconvénients; le projet affranchit néanmoins le tuteur des formalités de l'article 468, c'est-à-dire de l'autorisation du conseil de famille, lorsqu'il s'agira de faire, d'une répression temporaire, un internement continu jusqu'à la majorité du mineur.

Avec quelle circonspection cependant ne conviendrait-il pas de se prononcer lorsqu'il s'agit de jeter l'enfant dans un milieu de perdition d'où il sortira plus corrompu qu'amendé?

L'action morale, l'ascendant du caractère, l'autorité du conseil sont, dans de semblables décisions, un puissant auxiliaire dont on ne saurait méconnaître l'avantage. Avant d'arriver à des moyens extrêmes, dont le résultat est des plus contestables, il convient de faire intervenir, comme dans la famille elle-même, tous les efforts de la raison et du sentiment par une volonté ferme et respectée ; on ne doit user de rigueur qu'à la dernière limite de la nécessité.

D'ailleurs, les courtes peines sont les plus efficaces à l'égard de l'enfant insoumis ; elles frappent vivement son esprit, lui laissent au cœur une impression salutaire, l'appréhension d'une nouvelle mesure de répression. On ne saurait croire, nous disait avec l'autorité de l'expérience, le directeur de la prison Saint Paul à Lyon, combien s'émousse vite chez les enfants la crainte que leur inspire la prison. Les premières heures se passent dans les larmes, les gémissements les plus lamentables; bientôt le caractère du jeune condamné se raidit contre la peine, l'esprit de révolte le gagne, l'habitude vient, la répression n'a plus d'effet. Les dispositions actuelles de la loi, fixant au maximum de deux mois l'emprisonnement de l'insoumis avant seize ans, et à six mois au-dessus de cet âge, sont donc bien suffisantes; encore l'application en est-elle entourée de sérieuses réserves envers les mineurs qui ne sont pas sous la tutelle des parents : l'avis du conseil de famille, et pour tous au-dessus de seize ans, l'intervention et le contrôle du parquet. Pourquoi diminuer ces garanties salutaires ?

Sait-on bien, en autorisant le tuteur, sous sa seule responsabilité, à demander au Président du tribunal le *maintien de l'enfant* dans un établissement correctionnel jusqu'à sa majorité, à titre de préservation [ce sont là les termes du projet (art. 36)], sait-on bien comment et où s'exerce cet internement ?

A Lyon, depuis la suppression récente de l'envoi des enfants insoumis du département du Rhône à la colonie de Brignais, l'incarcération des mineurs de cette catégorie a lieu dans le quartier correctionnel de la prison Saint-Paul où l'enfant est mis en cellule.

N'est-ce pas excessif, cruel même? c'est là cependant une nécessité qu'imposent les conditions du régime pénitentiaire ;

cet isolement de l'enfant, mis en correction paternelle, est peut-être préférable, au point de vue moral, aux dangers auxquels l'exposerait la promiscuité avec d'autres détenus plus âgés et plus pervers ; mais ce n'est pas le cas d'amoindrir les préservations et la sauvegarde tutélaires dont les Commissions hospitalières peuvent encore l'entourer.

Le projet, il est vrai, invite platoniquement les départements à créer des écoles de réforme *quand leurs ressources le permettront ;* c'est assurément un excellent conseil qui est donné là, mais la réalisation nous en paraît être quelque peu chimérique. En attendant, puisqu'il s'agit de préservation morale qui préservera l'enfant, incarcéré jusqu'à l'âge de 21 ans, de l'atrophie des sentiments, de l'étiolement physique, de l'oblitération des facultés intellectuelles auxquels le régime cellulaire expose trop souvent ceux qui y sont longtemps soumis ? L'indiscipliné, cela est à craindre, sortira de cette geôle, à sa majorité, l'âme ulcérée et le cœur chargé de haines implacables contre la société.

Les rigueurs ainsi mises à la disposition des tuteurs comporteraient, en tout cas, dans leur application, un surcroît de prévoyance, de sollicitude et de modération. Il conviendrait, selon nous, de tempérer ces sévérités : elles révoltent les coupables, loin de faire fléchir leur obstination insoumise ; il conviendrait surtout de rechercher pour eux, comme pour ceux qui sont chargés d'en faire l'application, des moyens d'amendement mieux en rapport avec la nature mobile et impressionable de la jeunesse. L'envoi dans les colonies agricoles, la discipline du travail, l'engagement militaire anticipé, nous paraissent être des agents d'action et d'amendement plus profitables à la moralisation des mineurs et à leur soumission qu'une rigueur brutale. Ces mesures pourront être prises, à la demande du tuteur, et suivant les cas, soit par le conseil de famille, soit sur son avis par le Président du Tribunal. Nous proposons de modifier en ce sens les dispositions de l'article 36.

Ces considérations, que nous ne voulons pas étendre davantage, nous portent à penser qu'une bonne organisation de la tutelle des enfants assistés réclame l'alliance du service administratif, sous le contrôle du Préfet, avec le concours moral et effectif des Commissions hospitalières dans tous les actes qui relèvent de l'exercice de la puissance paternelle.

Nous résumerons notre opinion sur ce point en disant ceci : nous voudrions voir consacrer dans la loi nouvelle le régime établi par les circulaires ministérielles et les arrêtés préfectoraux là où il a fonctionné utilement et régulièrement; voir généraliser aussi, à tous les départements, une pratique dont on a reconnu dans quelques-uns les avantages indiscutables.

IV

Organisation spéciale pour le département du Rhône.

Si les observations que nous avons présentées, en nous fondant sur l'expérience des faits dans le département du Rhône, ne devaient pas prévaloir (par cette considération que des difficultés particulières et des obstacles s'opposent, ailleurs, à la pratique adoptée à Lyon, pour les admissions d'enfants à l'assistance et pour l'exercice de la tutelle), nous demanderions alors, pour ce département, la faveur d'un régime exceptionnel.

La loi nouvelle, dans son article 40, prévoit une organisation spéciale pour le département de la Seine, où la tutelle et l'administration du service seront confiées à M. le Directeur de l'assistance publique sous le contrôle du Préfet. L'importance du service des enfants assistés, qui ne comprend pas moins de 8,000 mineurs, dans le département du Rhône, l'étendue des sacrifices faits en faveur de ce service par le Conseil général, l'organisation spéciale à Lyon de l'Administration des Hospices, bien d'autres causes encore sont de nature à motiver une exception du même genre à l'égard de ce département.

On ne saurait oublier, en effet, que Lyon fut la première ville de France où les enfants trouvés ont été assistés; on les admit à l'Hôtel-Dieu du pont du Rhône, un siècle avant la transformation en hospice de la maison de la Couche à Paris (1), à une époque où les ordonnances royales traduisaient encore les mœurs et l'esprit du temps en déclarant, que les enfants trouvés ne pouvaient pas être admis dans les hospices, exclusivement réservés aux orphelins légitimes, « *parce que moult de gens feraient moins de difficultés à s'abandonner à pécher* (2). » une délibération des recteurs de l'Hôtel-Dieu de Lyon, du 25 janvier 1523, nous apprend qu'à cette époque l'Hospice contenait neuf enfants trouvés en bas âge, deux servantes et deux nourrices pour leur entretien; à peu de temps de là, en 1548, l'Institution de l'aumône générale fondait deux nouveaux hospices pour recueillir l'un les orphelins, l'autre les orphelines légitimes; les enfants naturels y furent reçus en 1628. Le nombre des admissions alla sans cesse croisant; en 1709, par suite de l'extrême rigueur de l'hiver et de la famine qui affligea la ville, le chiffre des acceptations d'enfants à l'hôpital s'éleva à 2,071. En 1787, un service de maternité fut organisé à l'Hospice de la Charité « pour les accouchements fortuits et illégitimes. »

Arrêtons-nous à cette époque antérieure aux lois qui supprimèrent les services hospitaliers.

Les lois d'organisation générale du service des enfants assistés, portèrent en 1820, le nombre des pupilles à 7,340; il montait, en 1847, à 15,276 sous le régime du tour. Depuis, l'application de la salutaire mesure des secours temporaires aux enfants indigents, auxquels le département du Rhône a libéralement pourvu, fit considérablement diminuer ce nombre.

Nous ne jetons ce coup d'œil rétrospectif sur l'histoire du service des enfants assistés à Lyon, que pour faire mieux ressortir une situation exceptionnelle à laquelle ont eu à pourvoir *ses Hospices d'enfants*. Dans cette branche des services hospi-

(1) Modifications apportées par la loi de 1709, dans le *service des enfants assistés du Rhône*, par C. Fayard, administrateur-tuteur. Br., in-8, 1871.

(2) Ordonnances de Charles VII et de François Ier.

taliers, comme dans toutes les autres, l'Administration des hospices de Lyon a toujours eu à subir une condition et des charges toutes spéciales ; de même qu'elle possède, par l'étendue des ressources que lui ont créées de généreux donateurs, une position privilégiée.

Aussi l'Administration hospitalière de Lyon a-t-elle, à toute époque, occupé une place à part dans les lois de l'assistance. L'honorable président du Conseil général des hospices, M. Sabran, le rappelait dans un mémoire présenté à M. Carnot, lors de son passage à Lyon :

« L'ancienne institution des recteurs fut supprimée le 28 nivôse an II ; et un arrêté du Ministre de l'intérieur confia à cette date l'Administration des Hospices à un conseil de 15 membres sous la dénomination de *Conseil général*. Une ordonnance royale de 1822 porta à 20 le nombre des membres de ce Conseil et enfin une ordonnance du 30 juin 1845 a organisé définitivement le *Conseil général des Hospices de Lyon* tel qu'il existe actuellement; elle éleva le nombre de ses membres à 25. La constitution et l'organisation du Conseil des Hospices civils sont donc spéciales à Lyon et ont été respectées par les lois successives qui ont modifié l'organisation des Commissions hospitalières en France. »

Nous sommes bien autorisés, par ces précédents, à demander soit le maintien de l'état actuel pour la tutelle des enfants assistés, soit une organisation spéciale pour le département du Rhône.

Le Préfet, par la nature de ses fonctions et sa situation élevée, nous paraît tout indiqué pour être investi de la tutelle des enfants assistés dont le service est déjà placé sous son autorité. La loi lui donnerait la faculté de déléguer ses pouvoirs, soit au Président ou à l'un des membres du Conseil général des Hospices, soit à l'inspecteur départemental lui-même qui serait alors placé sous le contrôle direct du préfet, dans l'exercice de la tutelle.

Le conseil de famille continuerait à être représenté par la réunion des membres du Conseil général des Hospices.

Ce système, on le voit, est des plus simples; en outre, il présente l'avantage de ne pas s'écarter trop sensiblement de l'état de choses existant.

Les droits du tuteur étant ainsi confiés à un haut fonctionnaire, placé à la tête des services d'assistance du département, la situation serait analogue à celle faite au département de la Seine, où la tutelle est conférée, d'après l'art. 40 du projet, au Directeur de l'assistance publique sous le contrôle du Préfet. Si l'on étendait même ce système d'assimilation aux agents placés en sous-ordre, on pourrait leur attribuer, dans le département du Rhône comme dans celui de la Seine, le caractère d'agents comptables : à ce point de vue encore, on trouverait dans le service des enfants assistés du Rhône, une organisation toute préparée, l'obligation du cautionnement y étant déjà, nous l'avons dit, exigée des sous-inspecteurs par les règlements. La loi présenterait ainsi plus d'harmonie dans son ensemble et offrirait plus de sécurité dans son application.

Au point de vue même de l'autorité morale, dont nous invoquions la nécessité, la délégation de ses propres pouvoirs donnée soit à un membre de la Commission hospitalière, soit même à l'inspecteur départemental, par le premier magistrat du département, suffirait pour prêter à l'action du tuteur une force et un prestige que l'extension d'attributions inscrite dans le projet sera impuissante, par elle-même, à lui conférer. Les fonctions du tuteur seraient aussi d'autant mieux remplies que sa vigilance se tiendrait constamment en éveil sous le contrôle supérieur auquel il resterait soumis.

La tutelle, ainsi organisée, nous semblerait présenter toutes les garanties désirables d'une bonne direction et d'une protection efficace des intérêts matériels et moraux des pupilles de l'Assistance.

Nous soumettons, avec confiance et respect, ces observations à la haute approbation du Conseil supérieur.

EUGÈNE TALLON,
Avocat général à Lyon,
Administrateur tuteur des enfants assistés du Rhône.

Lyon. — Imprimerie Mougin-Rusand, rue Stella, 3

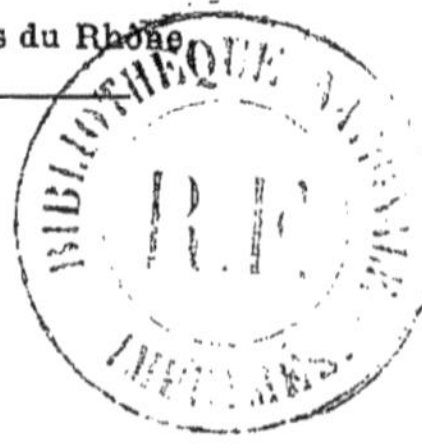

www.ingramcontent.com/pod-product-compliance
Ingram Content Group UK Ltd.
Pitfield, Milton Keynes, MK11 3LW, UK
UKHW021033220726
13924UKWH00001B/290